AF497792

EXPOSÉ

DES TITRES DE PROPRIE'TE'

& de poſſeſſion patrimoniale du Comté de Dunois.

POUR M. le Duc DE CHEVREUSE

JAMAIS le Comté de Dunois n'a fait partie du Domaine de la Couronne, jamais il n'a formé une Pairie ; jamais il n'a été ni pû être conſidéré comme un Appanage de France ; enfin les Poſſeſſeurs de cette Terre en ont joui dans tous les tems, comme d'un Bien libre, & purement patrimonial.

Ces vérités ſont prouvées par un nombre infini de monumens hiſtoriques, & par les titres les plus ſolemnels.

Le Dunois a, de toute ancienneté, formé un Comté. Il

A

(6)

a eu des Seigneurs particuliers qui ont porté le titre de Comtes.

L'histoire fait mention de plusieurs de ces Comtes qui existoient dans les premiers siécles de la Monarchie ; elle nous apprend même que le Dunois étoit connu sous le titre de Comté , long-tems avant le Blaisois.

Ce point de fait ne peut être contesté. Il suffit pour écarter l'idée de la prétendue union du Dunois au Comté de Blois, qui sert pour ainsi dire de baze à tout le systême du Président de Saint-Michel.

L'on prétend que les ayeux du Roi Hugues Capet ont possédé les Comtés de Blois & de Dunois. L'histoire ne présente rien de positif à ce sujet. Ce qu'elle en dit , est seulement par conjecture. Au surplus le fait , en le supposant vrai , seroit fort indifférent , parce qu'il est constant que ces Comtés n'étoient point dans la main de Hugues Capet, lorsqu'il monta sur le Trône.

Long-tems avant que Hugues Capet parvînt à la Couronne , les Comtés de Blois & de Dunois étoient patrimoniaux & héréditaires dans la Maison de Champagne. L'on voit que , dès l'an 930 , ils étoient possédés par cette Maison , à laquelle ils ont continué d'appartenir jusqu'en 1218.

Marguerite de Champagne , derniere descendante de la branche cadette de cette Maison , & Propriétaire des deux Comtés de Blois & de Dunois , les a portés en mariage à Gautier , Seigneur d'Avesnes.

Il est né de ce mariage une seule fille , nommée Marie d'Avesnes , qui a hérité du Comté de Dunois, ainsi que du Comté de Blois ; elle a épousé , environ l'an 1225, Hugues de Chatillon , fils de Gaucher de Chatillon , de l'ancienne Maison de

Chatillon-fur-Marne. Par ce mariage , le Comté de Dunois & le Comté de Blois font paffés dans la Maifon de Chatillon , à laquelle ils ont appartenus près de deux fiécles , &
y ont été poffédés, par mâles & femelles fans diftinction.

29 MARS 1383.

Guy II. de Chatillon , Comte de Blois & de Dunois, marie
Louis de Chatillon fon fils avec Marie de Berry ; il lui donne
par fon contrat de mariage *la Comté de Dunois , le Châtel de
Châteaudun , & les Châtellenies , appartenances & appendances
de ladite Comté, comme Marchenoir & la Ferté-Villeneuil , fous*
condition de les tenir en foi & hommage de lui Comte de
Blois.

Louis de Chatillon a toujours depuis porté la qualité de
Comte de Dunois , en même tems que fon pere a confervé
celle de Comte de Blois : fon épitaphe fe lit ainfi dans l'Eglife
des Cordeliers de Valenciennes , où il a été inhumé.

*Chy gijt Loys Conte de Dunois , fils de Monfieur Guy Conte
de Blois , ki trépaffa l'an M. ccc. xci. le xv de Juillet.*

L'acte ci-deffus fait voir que le Comté de Dunois étoit une
Terre diftincte & féparée du Comté de Blois , & qui n'en
faifoit pas partie.

1391.

Par le décès de Louis de Chatillon , fans enfans , le Comté
de Dunois retourne à Guy fon pere.

Le Roi Charles VI. fuivant le témoignage de Froiffart ,
Auteur comtemporain , engage lui-même Guy de Chatillon
à vendre à Louis de France fon frere , alors Duc de Tou-

A ij

raine, & depuis Duc d'Orléans, les Comtés de Blois & de Dunois.

Le contrat eft paffé *les 13, 21 & 25 Octobre*.

Par cet acte, Guy de Chatillon cede, tranfporte & délaiffe à toujours, perpétuellement & héréditablement, au Duc de Touraine & à Valentine fa femme, *pour eux, leurs hoirs & ayans caufe, les Comtés de Blois & de Dunois*, moyennant deux cens mille francs d'or & autres charges. Ces expreffions, *lefdites Comtés de Blois & de Dunois*, font plufieurs fois répétées dans l'acte, il y eft dit auffi qu'ils font *tenus en Fief du Roi notre Seigneur*.

22 *AVRIL* 1392.

Le Roi Charles VI. accepte la démiffion & deffaifine faite entre fes mains par les Fondés de procuration de Guy de Chatillon, au profit du Duc de Touraine, de la foi - hommage, faifine & poffeffion, *de la propriété des Comtés de Blois & de Dunois*, & en même tems reçoit la foi - hommage lige qui lui eft faite par le Duc de Touraine, *comme Comte & Seigneur Propriétaire des Comtés de Blois & de Dunois*.

Tous ces actes prouvent non-feulement la patrimonialité des Comtés de Blois & de Dunois, mais encore que le Dunois qui exiftoit en titre de Comté, ne pouvoit conféquemment faire partie du Comté de Blois.

Les Comtés de Blois & de Dunois qui appartenoient patrimonialement à Guy de Chatillon, qu'il a vendus à ce titre à Louis Duc d'Orléans, ont-ils changé de nature entre les mains de ce Prince ?

On a prétendu de la part du Préfident de Saint-Michel, fur

le fondement de Lettres du mois de Juin 1399 ; que ces
deux Comtés ont été érigés en Pairies & en appanages.

Cette prétention chimérique, à laquelle il suffiroit d'op-
poser les Lettres même de 1399, se trouve détruite par tous
les titres postérieurs.

1407.

Louis Duc d'Orléans décede, & laisse pour héritiers Charles Duc d'Orléans, & Jean Comte d'Angoulême : il avoit
eû un fils naturel, connu sous le nom de Jean Bâtard d'Orléans.

21 *JUILLET* 1439.

Charles Duc d'Orléans alors détenu Prisonnier en Angleterre,
pour procurer le bien & avancement de Jean Bâtard d'Orléans
son frere naturel, & dans l'espérance qu'il s'employera toujours à son service, lui donne pour lui & ses hoirs descen-
dans de sa chair, en loyal mariage, ses Comté & Vicomté
de Châteaudun & Dunois, y compris les Châtellenies de
Freteval, de Marchenoir, de la Ferté-Villeneuil & de Fromenteau, sous condition :

1°. Que le Bâtard d'Orléans & ses hoirs tiendront le Comté
de Dunois du Donateur, en foi - hommage lige, à cause de
son Comté de Blois, & en ressort & souveraineté d'icelui
Comté.

2°. Qu'ils ne le pourront vendre ni transporter, ni aucune
de ses appartenances & appendances.

3°. Qu'en cas que Jean Bâtard & ses hoirs aillent de vie
à trépas sans enfans de leur chair, procréés en loyal mariage,

les Comté & Vicomté de Châteaudun & Dunois retourne-
ront au Donateur & à ſes hoirs de plein droit.

4°. Qu'ils ne pourront charger ni hypotéquer, en maniere
quelque ſoit, le Comté de Dunois, Vicomté de Châteaudun
& leurs appartenances, ſinon pour le douaire de leurs
femmes.

Cette donation n'eſt pas, comme on va le voir, le ſeul
titre, en vertu duquel le Bâtard d'Orléans a été Propriétaire
du Comté de Dunois. Ce Comté lui a été donné de nouveau
par d'autres actes poſtérieurs, dans leſquels Charles Duc
d'Orléans s'eſt propoſé d'ajouter à ſa premiere donation. Ils
ne contiennent point les mêmes charges & conditions que
l'acte de 1439.

1439, 1440, 1441.

Jean Bâtard d'Orléans rend des ſervices importans à Charles Duc d'Orléans, & à Jean Comte d'Angoulême ſes freres.
Il défend contre les Anglois toutes leurs Seigneuries, con-
ſerve ſur-tout la Ville d'Orléans, & en fait lever le ſiége.
Dans toutes ces expéditions, il expoſe ſa perſonne & ſes
biens. Il fait plus encore; il procure à ſes freres leur propre
liberté, après vingt-cinq ans de priſon.

Aoust 1441.

Charles Duc d'Orléans, après ſon retour en France, *re-
connoiſſant*, dit-il, *à plein & au vrai par expérience, plus
amplement qu'il ne faiſoit, étant en Angleterre,* les hauts, grands
& notables ſervices de Jean Bâtard ſon frere, dont il fait le

détail , *à la rémunération defquels il fe fent & repute grandement* *tenu,* lui donne *DE NOUVEL ET DE SA PLUS AMPLE GRACE* le Comté de Dunois & fes dépendances, fçavoir, Marchenoir , Freteval, la Ferté-Villeneuil & Fromenteau, *à toujours-mais,* IRRE'- *VOCABLEMENT & perpétuellement.*

Cette nouvelle donation eft faite fous la feule condition que le Comté de Dunois fera tenu en foi & hommage lige du Donateur , à caufe de fon Châtel de Blois ; toutes les autres conditions des Lettres de 1439 font paffées fous filence : on n'y trouve ni claufe de retour, ni prohibition d'aliéner. La donation portée dans l'acte de 1441 eft tellement une donation nouvelle , qu'elle contient plufieurs claufes qui n'étoient point dans l'acte de 1439.

1°. Il eft ftipulé que fi le Bâtard d'Orléans , *ou fes Succeffeurs & ayans caufe* viennent à départir du Comté de Dunois, & appanager quelques-uns de leurs enfans de la Châtellenie de Freteval , icelui ainfi appané d'icelle Seigneurie , la tiendra du Donateur , fans moyen & en plein Fief, à caufe de fon Châtel de Blois, en la forme & maniere telle que Jean Bâtard doit faire du Comté de Dunois.

2°. Le Donateur promet de garantir & défendre , à fes propres coûts & dépens, le Comté de Dunois à fon frere Jean Bâtard, *& à fes hoirs & AYANS CAUSE,* envers tous & contre tous ; à ce faire, il oblige à Jean Bâtard, *& à fes hoirs & AYANS CAUSE,* lui, fes hoirs, *Succeffeurs, Seigneuries , revenus & biens quelconques,* en fe deffaififfant & dévêtant des chofes ci-deffus données , & chacune d'icelles , *& en baillant à fond. frere, POUR LUI , SES HOIRS ET AYANS CAUSE, la poffeffion & faifine d'icelles.*

Enfin le Donateur mande à fes Officiers de faire, fouffrir

& laisser jouir pleinement & paisiblement de son don Jean Bâtard, *ses heirs & ayans cause*, sans lui faire ou donner, ni souffrir qu'il lui soit donné aucun empêchement.

Il est bien clair que par cette nouvelle donation, Charles Duc d'Orléans a fait remise à Jean, Bâtard, des charges & conditions contenues dans ses premieres Lettres de don du 21 Juillet 1439; c'est en cela qu'il a fait consister sa plus ample grace, ainsi que la récompense des nouveaux services signalés que Jean Bâtard lui avoit rendus. Point d'équivoque sur cela dans les termes de cette donation, elle est faite *à toujours - mais & irrévocablement ;* par-là le Donateur s'est entiérement dépouillé, lui & sa postérité, de tout droit de retour sur la chose donnée; & il a si bien entendu qu'il seroit libre au Bâtard d'Orléans de disposer, ainsi qu'il jugeroit à propos, du Comté de Dunois, & que ce Comté pourroit appartenir à une famille étrangere, qu'il s'est obligé de garantir non-seulement Jean Bâtard & ses hoirs, mais encore *leurs Successeurs & ayans cause*, de tous troubles & événemens; il s'est dessaisi & dévêtu à leur profit de ce Comté, & en a donné pareillement pour eux la possession & saisine.

29 *Juin* 1445.

Jean d'Orléans, Comte d'Angoulême, passe un acte au profit de Jean Bâtard.

Ce Prince déclare que par la succession de Louis Duc d'Orléans son pere, il lui appartient des parts & portions dans le Comté de Dunois. Il parle de la donation de ce Comté faite par Charles son frere au Bâtard d'Orléans, & ce sont les Lettres du mois d'Août 1441 qu'il regarde comme contenant cette donation : car en l'énonçant, il les fait transcrire en entier.

Jean

Jean d'Angoulême confirme & approuve cette donation ; en ces termes : *du tout en tout , dès maintenant , à toujours , & irrévocablement.* Voulant pareillement récompenser le Bâtard d'Orléans de tous les grands fervices qu'il lui a rendus , il lui donne *A TOUJOURS , A HERITAGE PERPETUEL ET IRREVO-CABLEMENT* , tout le droit, part & portion, qui lui apparte-noient dans le Comté de Dunois.

Nulles charges, nulles conditions ftipulées dans cet acte ; autres que celles des Lettres du mois d'Août 1441. Par tout le Comte d'Angoulême fe réfere à ce qui eft contenu dans ces Lettres ; il n'eft plus queftion que le Comté de Dunois foit grevé de retour ni de prohibition d'aliéner & d'hypotéquer. Ces conditions des premieres Lettres de don, font totalement anéanties par des claufes contraires.

25 NOVEMBRE 1446.

Charles Duc d'Orléans ftipule que Jean Bâtard tiendra de lui & de fes hoirs le Comté de Dunois en foi-hommage , à caufe de fon Comté de Blois ; & qu'en cas d'extinction de fes hoirs procréés de fon corps en loyal mariage , & des hoirs mâles du Comte d'Angoulême fon frere , Comtes de Blois, la mouvance du Comté de Dunois retournera à la Couronne, & ce Comté reffortira fans moyen au Parlement.

Cette nouvelle grace eft accordée à Jean Bâtard , fur les mêmes motifs qui ont engagé le Duc d'Orléans à lui faire la donation de 1441 , & pour récompenfe des mêmes fer-vices , & ce pour avoir lieu *à toujours - mais & à héritage perpétuel.*

B

NOVEMBRE 1446.

Le Roi donne des Lettres-Patentes portant confirmation des difpofitions de l'acte précédent.

Ces Lettres ont été confirmées par d'autres Lettres - Patentes du mois d'Août 1660, dûment enregiftrées au Parlement & à la Chambre des Comptes, qui font ci-après.

PREMIER JUILLET 1452.

Charles Duc d'Orléans, par deux actes féparés, donne à Jean Bâtard plufieurs petits Domaines, ainfi que la mouvance de dix Seigneuries fituées dans le Comté de Dunois, que fes Officiers prétendoient n'avoir pas été comprife dans la donation de ce Comté.

Si les claufes de la donation de 1441 n'euffent pas anéanti entiérement les conditions de retour & de prohibition d'aliéner, contenues dans les Lettres de 1439, c'eût été le lieu de les rappeller; cependant il n'en eft fait aucune mention : au contraire le Donateur dit expreffément *qu'il ne fe réferve rien, fauf la foi, hommage, reffort & fouveraineté de la Juftice,* qui eft la feule reftriction qu'il avoit appofée à la donation de 1441.

Tous ces actes établiffent dans la perfonne de Jean Bâtard une propriété libre, entiere & parfaite du Comté de Dunois,

Les titres qui fuivent, expliquent bien pofitivement que c'eft de cette maniere qu'ils ont toujours été entendus & exécutés, dans la famille de Jean Bâtard.

I°.

*Le Comté de Dunois n'eſt point un Fief maſculin qui n'ait dû appar-
tenir qu'à des Mâles.*

3 OCTOBRE 1463.

Jean Bâtard d'Orléans, Comte de Dunois, & Marie de
Harcourt ſa femme, font enſemble leur teſtament. Ils laiſ-
ſoient trois enfans, François d'Orléans aîné, & Anne &
Catherine d'Orléans. Ils deshéritent Anne, & font un legs
particulier à Catherine. Après cela ils inſtituent leur héritier
univerſel en tous leurs biens, Terres & Seigneuries dont à
préſent ils font poſſeſſeurs, François leur fils, *& ſes enfans*
& les enfans de ſes enfans, faits & procrées en loyal mariage ;
entendant que s'ils avoient par la ſuite d'autres enfans mâles
ou femelles, ils puiſſent venir & avoir leur droit ; & ſe il adve-
noit que leurdit fils François n'eût aucuns hoirs deſcendus de
ſa chair en loyal mariage, ou qu'ils n'euſſent autres enfans, en
ce cas ils veulent & ordonnent que toutes leſdites terres & meubles
que de préſent ils ont & qui leur adviendront, ſoient & demeurent
à leurdite fille Catherine, & à ſes enfans & aux enfans de ſes
enfans, deſcendus d'elle en loyal mariage.

Ainſi il pouvoit arriver, d'après les diſpoſitions de ce teſtament, que le Comté de Dunois paſſât à des filles. 1°. S'il
étoit né à Jean Bâtard d'autres enfans que ceux qu'il avoit
lors du teſtament, ces enfans, *ſoit mâles ou femelles*, auroient
été admis au partage des biens de ſa ſucceſſion. 2°. Il
auroit pu arriver que François, fils aîné de Jean Bâtard,

n'eût point laiſſé d'enfans ; & dans ce cas l'univerſalité des biens de Jean Bâtard auroit appartenu à Catherine ſa fille & à toute ſa poſtérité.

1468.

François d'Orléans, premier du nom, ſuccéde à Jean Bâtard ſon pere, dans le Comté de Dunois : il meurt en 1491 & laiſſe trois enfans, François II. Louis, & Jean d'Orléans.

1504.

François II. par un partage fait avec ſes freres, demeure ſeul Comte de Dunois.

1505.

Le Roi érige en ſa faveur le Comté de Longueville en Duché.

1512.

François II. décede, & ne laiſſe qu'une fille, appellée Renée d'Orléans, qui eſt ſa ſeule & unique héritiere. Pluſieurs titres le prouvent. Elle prend entr'autres biens, dans la ſucceſſion de ſon pere, le Comté de Dunois. Mais *le Duché de Longueville* que poſſédoit François II. & qui étoit un Fief maſculin, n'appartient point à ſa fille, il eſt repris par Louis d'Orléans ſon frere, oncle de Renée, en qualité d'aîné mâle. Si le Comté de Dunois eût été un Fief de la même nature, il auroit eu le même ſort.

Entre une infinité de titres qui juſtifient que Renée d'Orléans a été Comteffe de Dunois, voici ceux que l'on a penfé qu'il étoit fuffifant de rapporter.

14 *Mai* 1513.

Louis XII. donne des Lettres Patentes portant confirma-tion des articles du mariage accordé entre Claude d'Orléans, fils aîné de Louis premier Duc de Longueville, & de Jeanne de Hocqueberc, & Renée d'Orléans fille & feule & unique héritiere de feu François d'Orléans, vivant Duc de Longue-ville & Comte de Dunois.

Ce traité de mariage conclu dans la famille de Longueville quelque tems auparavant, eft inféré en entier dans les Lettres Patentes ; un des articles porte :

Item. *Prendra ledit Monfieur Claude , ladite Damoifelle Renée , à fes droits fucceffifs à elle échus & advenus par le décès & trépas de feu Monfieur fon pere EZ COMTE' DE DUNOIS , TANCARVILLE , &c. & autres quelconques étant de ladite fucceffion.*

Ceci prouve que le Comté de Dunois étoit échu à Renée d'Orléans par la fucceffion de fon pere, qu'elle en étoit Pro-priétaire.

1513 à 1514.

Jean Regnart, Receveur du Domaine du Comté de Dunois, préfente au Duc de Longueville comme ayant le bail, garde & adminiftration *de Renée d'Orléans Comteffe de Dunois*, un compte des revenus de ce Comté, commençant à la Saint Jean Baptifte 1513, & finiffant à femblable Fête 1514.

Ce compte eft arrêté le 16 Juin 1516.

1515.

Renée d'Orléans meurt fans enfans. Louis Duc de Longueville , & Jean d'Orléans, Archevêque de Touloufe , fes oncles, font fes héritiers , & poffedent par indivis, chacun pour moitié, le Comté de Dunois.

15 *Juillet* 1515.

Le Roi accorde au Duc de Longueville & à l'Archevêque de Touloufe, un délav de fix mois , pour lui faire la foi-hommage du Comté de Dunois & dépendances , *à eux nouvellement advenu & échu par le trépas de feue Renée d'Orléans.*

Renée d'Orléans eft ici fans contredit reconnue Propriétaire du Comté de Dunois. Si dans cette circonftance elle eût époufé un Seigneur d'une autre Maifon , & qu'elle en eût eu des enfans, ce Comté leur eût appartenu, & par ce moyen il auroit pû paffer fucceffivement dans vingt Maifons étrangeres. Quelle apparence qu'il ait été une Pairie ou un appanage, & qu'il n'ait pu fortir de la Maifon de Longueville !

On verra ci-après que des defcendans de femme ont été jugés devoir fuccéder au Comté de Dunois.

Madame la Ducheffe de Nemours enfin a hérité de ce Comté, & l'a poffédé fans contradiction.

Si l'on ne trouve pas d'autres exemples de filles qui ayent joui de tout ou partie du Comté de Dunois, c'eft qu'en fe mariant elles renonçoient aux fucceffions de leurs peres, ou

leurs freres les ont récompensées de la part qui leur appartenoit dans ce Comté.

Mais il y en a sans doute, assez, pour montrer que le Comté
de Dunois a toujours été regardé comme un bien patrimonial, & surtout qu'il n'a point été possédé, à titre d'appanage, ou de sous-appanage, de France.

II⁰.

*Le Comté de Dunois a été sujet à partage de même que tous les
autres biens libres & patrimoniaux de la Maison de Longueville.*

Nous ne rappellerons pas ici tous les Seigneurs & Dames
de la Maison de Longueville qui ont joui long-tems, conjoin-
tement & par indivis du Comté de Dunois, jusqu'à ce qu'ils
eussent fait entr'eux les partages des successions de leurs peres
& meres, quoiqu'il en résulte évidemment que le Comté de
Dunois étoit une Terre patrimoniale. Les bornes que l'on s'est
prescrites ne permettent pas d'entrer dans ce détail : voici
seulement un événement dont il est essentiel de rendre compte.

1551.

François d'Orléans, quatriéme du nom, Duc de Longueville, Comte de Dunois, meurt sans enfans.

Il se présente pour recueillir sa succession, d'une part, Leonor
d'Orléans & Françoise d'Orléans sa sœur, ses Cousins germains; de l'autre, Jacques de Savoye Duc de Nemours &
Jeanne de Savoye sa sœur, enfans de Charlotte d'Orléans

& de Philippes de Savoye Duc de Nemours, auſſi ſes Couſins germains.

Léonor d'Orléans prend ſeul le Duché de Longueville, en qualité d'aîné mâle de la Maiſon.

Le Duc de Nemours & ſa ſœur prétendent devoir hériter de la moitié du Comté de Dunois. Léonor d'Orléans intéreſſé à conteſter, prétend au contraire les en exclure, parce qu'ils ſont d'une Maiſon étrangere, c'eſt pourquoi il s'éleve d'abord la queſtion de ſçavoir ſi le Comté de Dunois eſt partageable.

13 Aoust 1605.

Arrêt de la Cour, contradictoire entre le Duc de Nemoûrs & la Ducheſſe de Longueville, veuve de Léonor d'Orléans, en qualité de Tutrice de ſes enfans, qui *maintient & garde le Duc de Nemours, en poſſeſſion & jouiſſance de la moitié du Comté de Dunois, pour ce qui en appartenoit audit feu François d'Orléans, au jour de ſon décès, & ordonne que partages & diviſions ſeront faits entre les Parties dudit Comté, & délivrance faite audit Duc de Nemours de la moitié d'icelui.*

Il s'éleve des difficultés ſur l'exécution de cet Arrêt.

9 Avril 1622.

Autre Arrêt contradictoire qui confirme les diſpoſitions du précédent, & ordonne également le partage du Comté de Dunois.

Ces Arrêts ont déja préjugé toutes les queſtions que le Préſident de Saint Michel prétend élever. Selon lui le Comté de Dunois a été un appanage; mais ſi cela eût été ainſi, il n'eût n'eût pû être partagé, il faudroit dire la même chofe, s'il eût été un Comté Pairie, c'eft-à-dire, Fief acceffoire d'un Office de Pair de France, qui n'auroit pu appartenir qu'à une feule perfonne. Enfin felon lui, le Comté de Dunois ne pouvoit être aliéné & étoit fujet à retóur, conféquemment, il n'auroit pu paffer à une maifon étrangere. La Cour a précifément décidé le contraire de toutes ces opinions.

III°.

Le Comté de Dunois n'a point été regardé comme fujet à la réverfion ftipulée dans les Lettres de 1439.

8 Octobre 1444.

Jean Bâtard d'Orléans retire par retrait féodal, *pour remettre,* eft-il dit, *à fon Domaine & unir au Comté de Dunois,* la Seigneurie de la Perrique, & le lieu du Bois, mouvant de la Châtellenie de Freteval, ainfi que plufieurs autres objets étant de la même mouvance. L'acte de ceffion & de délaiffement qui lui en eft fait par les Acquéreurs, porte, *que c'eft pour lui, pour fes hoirs, & pour ceux qui d'eux auront caufe, au tems avenir.*

Jean Bâtard eft fans contredit celui qui a dû le mieux connoître à quel titre il poffédoit le Comté de Dunois; or en acquérant des terres que fon intention étoit de réunir à ce Comté, & les acquérant pour lui & fes ayants caufe, il eft évident qu'il penfoit que le Comté de Dunois lui étoit donné irrévocablement, qu'il en étoit libre Propriétaire & qu'il pouvoit paffer dans une Famille étrangere.

C

9 *Janvier* 1655.

Henri d'Orléans Duc de Longueville, acquiert pareillement pour lui, fes hoirs & ayants caufe, neuf ou dix Terres mouvantes du Comté de Dunois, & qu'il y a réunies.

Si tous les objets que l'on réuniffoit ainfi au Comté de Dunois, devoient paffer à des ayants caufe, c'étoit fans contredit, parce que ce Comté étoit lui-même patrimonial & n'étoit point fujet à retour.

I V°.

Le Comté de Dunois n'a point été regardé comme grevé d'une défenfe d'aliener.

6 *Juin* 1486.

François d'Orléans, premier Comte de Dunois, fils de Jean Bâtard, vend à Jean Boudet, Confeiller & Contrôleur des Finances du Duc d'Orléans, moyennant le prix de cinq mille cinq cent écus d'or, la Terre & Seigneurie de Freteval, membre du Comté de Dunois, & qui forme à peu près le tiers de ce Comté ; cette vente eft faite fous faculté de remeré dans fix ans.

13 *Juin* 1492.

Cette faculté eft exercée par Agnès de Savoye, veuve de François Comte de Dunois, en qualité de Tutrice de fes enfans & la Chatellenie de Freteval eft revenue au Comté de Dunois.

Mais l'on voit que cela a été en conféquence d'une convention particuliere appofée dans le contrat de vente, & non fur aucun prétendu motif d'inaliénabilité du Comté de Dunois ni de fes dépendances; fi la Terre de Freteval n'eût pas été rachetée dans le tems convenu,elle eût été aliénée à perpétuité.

22 *Juillet* 1487.

Le même François Comte de Dunois fils de Jean Bâtard, qui ne peut pas être préfumé avoir ignoré les conditions fous lefquelles il tenoit le Comté de Dunois, vend moyennant la fomme de trois mille fept cent foixante-quatre liv. à Jean Tiercelin, Chambellan de M. le Duc d'Orléans, pour lui,fes hoirs & ayants caufe, la Terre, Seigneurie & Châtellenie de la Ferté Villeneuil, autre membre du Comté de Dunois.

Cette vente eft pareillement avec faculté de pouvoir racheter la Terre de la Ferté Villeneuil dans trois ans; mais la faculté n'a point été exercée.

27 *Avril* 1490.

Les trois ans expirés, le Comte de Dunois ratifie & confirme la vente ci-deffus, il fe deffaifit entierement de la Terre, & en faifit le fieur Tiercelin.

Depuis ce tems la Terre de la Ferté Villeneuil n'eft plus rentrée dans les dépendances du Comté de Dunois, & elle a toujours été, & eft encore aujourd'hui poffédée patrimonialement par les héritiers ou ayants caufe du fieur Tiercelin Acquéreur.

1595.

Réfultat du Confeil de la Maifon de Longueville, portant que la Terre & Seigneurie d'Ecoman, dépendante de la Châtellenie de Marchenoir, & faifant partie du Comté de Dunois fera publiée & mife en vente, au plus offrant & dernier enchériffeur.

Henry d'Orléans premier Duc de Longueville, mineur, étoit alors Propriétaire du Comté de Dunois.

Toutes les formalités néceffaires pour la vente des biens des mineurs font obfervées ; affiches mifes, & publications faites partout où befoin eft ; encheres reçues. Le fieur Enéas Marchand, Ecuyer, Sieur de la Gentiniere, demeure le plus haut enchériffeur.

20 DECEMBRE 1597.

Meffieurs Mango Confeiller en la Cour, Chepvrier Maître des Comptes, le Beauclerd, Tourtier, & du Quenel Avocat au Parlement, Députés du Confeil de la Maifon de Longueville, en vertu de la procuration fpéciale donnée par Marie de Bourbon, Ducheffe de Longueville, Tutrice de Henry d'Orléans fon fils, vendent au fieur Marchand de la Gentiniere, moyennant la fomme de cinq mille écus fol, la Terre & Seigneurie d'Ecoman, dépendante de la Baronnie de Marchenoir, affife & fituée au Comté de Dunois.

Il eft convenu que cette Terre fera derechef publiée & proclamée être à vendre au plus offrant & dernier enchériffeur, fur le pied de la fomme de cinq mille écus fol, & que dans le cas où elle fera enchérie à plus haut prix, elle fera adjugée à celui par qui cette plus haute enchere aura été mife ; & le premier contrat demeurera nul & réfolu.

29 *JANVIER* 1598.

La Terre d'Ecoman eft de nouveau expofée en vente en la Juftice de Châteaudun.

12 *FEVRIER* 1598.

Il y eft rendu Sentence, par laquelle, après qu'il ne s'eft trouvé de plus haut enchériffeur que le fieur de la Gentiniere , cette Terre lui eft adjugée.

Indépendamment de toutes ces aliénations à titre onéreux, les Comtes de Dunois en ont fucceffivement fait une infinité d'autres, à titre gratuit. Jean Bâtard lui-même a le premier fondé dans la Ville de Châteaudun, Capitale du Comté de Dunois, une Collégiale en titre de Sainte Chapelle, compofée de dix Chanoines; & il lui a donné des portions confidérables de ce Comté. Ses fucceffeurs Comtes ont fait plufieurs autres fondations, & les ont dotées avec les fonds dépendans du Comté. Ils ont fait auffi dans différens tems des inféodations, & ont concedé en Fief, à perpétuité , des droits d'ufages dans une Forêt dépendante du Comté de Dunois. Enfin , dans tous les tems & dans toutes fortes d'occafions, ils ont agi comme libres Propriétaires. Eft-il poffible de penfer qu'ils euffent fait tous ces actes, s'il eût fubfifté une prohibition d'aliéner le Comté de Dunois, ni aucunes de fes dépendances ?

V°.

Les Seigneurs de la Maison de Longueville ont hypothequé le Comté de Dunois comme leurs autres biens patrimoniaux.

20 Mars 1564.	27 Février 1630.
27 Septembre 1572.	7 Mars 1630.
27 Septembre 1572.	25 Juin 1630.
27 Septembre 1572.	2 Octobre 1631.
24 Mars 1588.	13 Octobre 1631.
29 Juin 1596.	10 Décembre 1631.
Premier Août 1619.	30 Novembre 1649.
	30 Novembre 1649.

Quinze contrats de conftitution de rentes paffés par les Seigneurs Ducs de Longueville, Comtes de Dunois, dans lefquels ils chargent, affectent, obligent & hypothequent fpécialement le Comté de Dunois & fes dépendances, & s'en défaififfent au profit des Acquéreurs, jufqu'à concurrence du montant des principaux des rentes conftituées.

Il auroit été trouvé un plus grand nombre de ces contrats de conftitution, s'ils euffent été des piéces à conferver. On fçait qu'auffitôt que des contrats font rembourfés, ils deviennent inutiles. Il eft étonnant que l'on en ait recouvré la quantité qui eft ici rapportée.

Quoiqu'il en foit, ce que nous voyons fuffit pour prouver que les Comtes de Dunois étoient perfuadés que la donation de 1441 avoit anéanti la prohibition d'hypothequer, contenue dans les Lettres de 1439.

RECONNOISSANCES FAITES DANS TOUS LES TEMS PAR NOS ROIS, que la Maiſon de Longueville étoit légitime propriétaire du Comté de Dunois.

Cette preuve a pour objet d'écarter la prétention du Préſident de Saint-Michel, que le Comté de Dunois a dû être réuni à la Couronne, dès l'époque du regne de Louis XII.

Entre une multitude de titres qui pourroient concourir à prouver ces reconnoiſſances, nous nous contentons de rapporter les réceptions faites par les Rois des fois-hommages du Comté de Dunois, rendues ſucceſſivément par tous les Seigneurs de la Maiſon de Longueville, & les ſouffrances que les Rois leur ont accordées.

Ces fois-hommages & ſouffrances feront diſtinguées en deux claſſes. On placera dans la premiere toutes celles qui ont été rendues au Comté de Blois depuis la donation faite à Jean Bâtard, juſqu'au décès du Roi Henry III. parce qu'il eſt intéreſſant de faire voir que pendant un tems conſidérable, le Comté de Dunois en a été mouvant. Dans la ſeconde claſſe, feront compriſes les fois-hommages rendues au Roi à cauſe de la Tour du Louvre.

Fois-hommages du Comté de Dunois , comme tenu & mouvant du Comté de Blois.

19 *Janvier* 1440 . . . Jean Bâtard eſt reçu en foi-hommage par Charles , Duc d'Orléans , Comte de Blois.

30 *Janvier* 1468 . . . . François premier, Comte de Dunois, eſt reçu par la Ducheſſe d'Orléans, Gardienne de Louis, Duc d'Orléans, ſon fils.

17 *Février* 1501 . . . . François II. d'Orléans, eſt reçu par le Roi Louis XII. à cauſe de ſon Comté de Blois.

Na. L'on prétend cependant que Louis XII. a dû réunir le Comté de Dunois à la Couronne.

15 *Juillet* 1515 . . . . François premier accorde ſouffrance à Louis premier, Duc de Longueville, & à Jean d'Orléans, Archevêque de Touloufe, ſon frere.

5 *Août* 1516 . . . . François premier accorde ſouffrance à la Ducheſſe de Longueville, pour les enfans mineurs d'elle & de Louis premier d'Orléans, ſon mari.

21 *Janvier* 1524 . . . . Nouvelle ſouffrance accordée à la Ducheſſe de Longueville pour ſes enfans mineurs, comme ſuccedans à la moitié du Comté de Dunois, qui appartenoit à Claude d'Orléans, leur frere aîné.

5 *Janvier* 1528 . . . . François premier reçoit en foi Louis II. d'Orléans, Duc de Longueville.

6 *Octobre* 1536 . . . . François premier accorde ſouffrance à François d'Orléans, fils mineur du Duc de Longueville.

13 *Novembre* 1551 . . . . Henry II. accorde ſouffrance à Leonor d'Orléans, Duc de Longueville, & à Françoiſe ſa ſœur, enfans mineurs du feu Marquis de Rothelin, & héritiers de François d'Orléans, dernier Duc de Longueville.

Na. Il faut obſerver ici qu'on a prétendu que ſi la réunion du Dunois à la Couronne ne s'étoit point opérée en la perſonne de Louis XII. elle avoit dû au moins s'opérer ſous Henry II.

9 *Décembre* 1551 . . . . Jacques de Savoye, Duc de Nemours, & Jeanne de Savoye ſa ſœur, reçus par Henry II. chacun pour leur part & portion de ce qui leur peut appartenir

dans

dans le Comté de Dunois, à eux n'aguères échue & advenue par le décès de feu François d'Orléans, Duc de Longueville, leur coufin germain.

11 *Mai* 1564 . . . . Leonor d'Orléans, Duc de Longueville, reçu par Charles IX.

27 *Août* 1573 . . . . Souffrance accordée par la Chambre des Comptes de Blois, à Marie de Bourbon, Ducheffe de Longueville, en qualité de Gardienne Noble de Henry d'Orléans fon fils.

Toutes ces fois-hommages font rendues aux Rois, à caufe de leur Comté de Blois, & font vérifiées & enregiftrées à la Chambre des Comptes de Blois.

1589.

Au décès du Roi Henry III. le cas ftipulé dans l'acte de 1446, pour la réverfion de la mouvance du Comté de Dunois à la Couronne, arrive. Dès ce moment le Comté de Dunois ceffe d'être tenu de celui de Blois.

A O U S T 1660.

Louis XIV. accorde des Lettres-Patentes à Henry d'Orléans, Duc de Longueville, pour lui *& fes fucceffeurs, tant mâles que femelles.*

Le Roi rappelle les difpofitions de l'acte & des Lettres-Patentes de 1446, & au moyen de ce que les hoirs de Charles Duc d'Orléans & Comtes de Blois, ont fini en la perfonne de Louis XII. & les hoirs mâles de Jean, Comte d'Angoulême, pareillement Comtes de Blois, fe font éteints par la mort d'Henry III. Sa Majefté veut & ordonne que le Comté de Dunois & dépendances foient dorefnavant & pour toujours, immédiatement mouvans du Roi & de fes fucceffeurs, à caufe du Château du Louvre.

Le Roi mande que du contenu en ces préfentes Lettres, l'on faffe jouir le Duc de Longueville, *& fes fucceffeurs mâles & femelles, pleinement, paifiblement & perpétuellement.*

Ces Lettres ont fous leur contre-fcel les Lettres-Patentes de 1446.

3 S E P T E M B R E 1660.

La Cour, vû les Lettres-Patentes de 1660 & celles de 1446, fur les conclufions de M. le Procureur Général, *or- donne que lefdites Lettres feront enregiftrées au Greffe d'icelle, pour être exécutées, & jouir par l'Impétrant de l'effet & contenu en icelles, felon leur forme & teneur.*

10 S E P T E M B R E 1660.

Enregiftrement à la Chambre des Comptes de Paris.

Fois-hommages du Comté de Dunois, rendues au Roi immédiatement, à caufe de la Couronne.

2 *Mai* 1638 . . . Louis XIII. reçoit Henry d'Orléans, Duc de Longueville, à la foi hommage faite entre les mains de M. le Chancelier, du Comté de Dunois & dépendances, relevant de S. M. à caufe de fon Château du Louvre.

6 *Août* 1671 . . Louis XIV. reçoit en foi Charles Paris d'Orléans, Duc de Longueville.

12 *Mai* 1673 . . . . Le Roi reçoit Anne-Geneviéve de

Bourbon, Duchesse de Longueville, Curatrice de Jean-Louis Charles, Abbé d'Orléans, son fils.

Toutes ces fois-hommages sont vérifiées & enregistrées à la Chambre des Comptes de Paris.

Il sera rendu compte dans un moment de celles qui ont été reçues depuis.

Propriete' du Comté de Dunois reconnue en faveur de Madame la Duchesse de Nemours.

Fevrier 1694.

Décès de Messire Jean-Louis Charles, Abbé d'Orléans, Duc de Longueville & Comte de Dunois.

16 Février & jours suivans 1694, 1695, 1696 & 1697.

Il est procédé à l'inventaire général de ses biens, à la requête de Marie d'Orléans, Duchesse de Nemours, sa sœur, & sa seule & unique héritiere.

Le sieur Pierre Bonnel, Contrôleur général des Domaines, assiste à toutes les vacations de cet inventaire, en vertu d'un Arrêt du Conseil du 2 Mars 1694;il voit & vérifie tous les titres de la Maison de Longueville, au nombre desquels étoient ceux du Comté de Dunois.

Il est reconnu que l'Abbé d'Orléans possédoit plusieurs Terres réversibles à la Couronne, en cas d'extinction de la postérité masculine de Jean Bâtard d'Orléans, entr'autres, le Duché de Longueville.

Un premier Arrêt du Conseil prononce la réunion de ces

Terres au Domaine. Cet Arrêt eſt ſignifié à Madᵉ. la Ducheſſe de Nemours, à la requête du Contrôleur général des Domaines. Elle y forme oppoſition.

Cette oppoſition donne lieu à un très-grand Procès qui s'inſtruit au Conſeil, entre le Contrôleur général des Domaines ſoutenant les intérêts du Roi, d'une part ; & Madame la Ducheſſe de Nemours, d'autre part.

Mais il intervient un nouveau Jugement, qui déboute Madame la Ducheſſe de Nemours de ſon oppoſition au premier, & prononce définitivement la réunion à la Couronne de toutes les Terres qui avoient été réverſibles à la mort de l'Abbé d'Orléans.

Par d'autres Arrêts le Conſeil commet un Greffier pour retirer des archives de la Maiſon de Longueville, tous les titres & pièces concernant les Terres réunies. Le ſieur Bonnel, Contrôleur général des Domaines, aſſiſtant à l'inventaire de l'Abbé d'Orleans, raſſemble ces titres & les fait délivrer au Greffier commis.

Malgré l'exactitude & la rigueur des recherches que Madame de Nemours a éprouvées par rapport aux Terres & Seigneuries qui étoient réverſibles au Domaine de la Couronne, elle n'a point été inquiétée pour le Comté de Dunois, & il n'eſt venu dans l'eſprit ni du Contrôleur du Domaine, ni de qui que ce ſoit, que le Dunois ne fût pas un bien pleinement patrimonial ; cependant ce Comté étoit ſeul un objet beaucoup plus important, que toutes les Terres qui ont été réunies ; par cette raiſon il étoit dans le cas de fixer plus particuliérement l'attention des Officiers du Roi.

13 *A O U S T* 1694,

Madame de Nemours fait au Roi, entre les mains de M.

le Chancelier, la foi-hommage des Terres à elle échues par le décès du Duc de Longueville son frere, notamment du Comté de Dunois, & Vicomté de Châteaudun, Baronnies de Marchenoir & Preteval. Le Roi reçoit cette foi-hommage ; les Lettres qu'il en fait expédier, sont vérifiées à la Chambre des Comptes de Paris.

25 AVRIL 1695.

Sentence de la Chambre du Domaine du Palais à Paris, qui sur le vû de la foi-hommage rendue au Roi par la Duchesse de Nemours le 13 Août 1694, lui accorde un délai d'un an, pour fournir son aveu & dénombrement du Comté de Dunois ; & cependant par provision, du consentement du Substitut de M. le Procureur Géneral, lui fait main-levée de la saisie féodale de ce Comté, faite à la requête du Ministere public.

Plusieurs autres titres pourroient encore constater que Madame de Nemours a été Propriétaire légitime du Comté de Dunois.

TITRES PARTICULIERS à M. le Duc de Chevreuse & à ses Auteurs, dont plusieurs font contradictoires avec le Roi.

6 OCTOBRE 1694.

Contrat de Mariage d'entre M. le Prince de Neuf-Châtel, & Mademoiselle Angelique - Cunegonde de Montmorency. Luxembourg.

Madame de Nemours, en contemplation du mariage, & par le contrat même, fait donation entre-vifs & irrévocable à M. le Prince de Neuf-Châtel, entr'autres biens, du Comté de Dunois & Vicomté de Châteaudun, de la Baronnie de

Freteval , & de la Baronnie de Marchenoir, & leurs dépendances , & s'en réferve l'ufufruit & jouiffance pendant fa vie.

Par le même contrat Madame de Nemours fubftitue tous
les biens par elle donnés à M. le Prince de Neuf-Châtel , aux
enfans qui naîtront de fon mariage, & autres qu'il pourroit avoir
d'un autre mariage fubféquent , tant mâles que femelles , &
à leurs defcendans & poftérité , pour être partagés entr'eux
fuivant la Coutume des lieux.

M. le Prince de Neuf-Châtel eft mort en 1703, laiffant deux
filles mineurs , Louife-Leontine-Jacqueline , Marie-Anne-
Charlotte de Bourbon , fes feules & uniques héritieres.

7 JUILLET 1703.

Le fieur Devaux , Tuteur des Demoifelles de Neuf-Châtel ,
fe préfente à la Chambre des Comptes de Paris, & y obtient pour elles , & en leur nom, fouffrance, pour rendre
la foi-hommage du Comté de Dunois, jufqu'à ce que Louife-
Leontine de Bourbon , mineure , ait atteint l'âge requis par
la Coutume.

On lit dans cet Arrêt de la Chambre des Comptes , *qu'à
caufe du décès du feu Prince de Neuf-Châtel, il appartenoit aufd.
Delles. fes filles le Comté de Dunois & Vicomté de Châteaudun ,
compofé des Baronnies de Freteval , Marchenoir & dépendances ,
tenus & mouvans de S. M. à caufe de fon Château du Louvre.*

16 JUIN 1707.

Décès de Marie d'Orléans , Ducheffe de Nemours.

JUILLET 1707.

M. le Procureur Général donne une Requête à la Cour,

contenant qu'il a eu avis que le Roi pouvoit avoir intérêt dans la difcuffion des biens de la fucceffion de la défunte Dame de Nemours, fur les effets de laquelle le fcellé avoit été appofé, de l'Ordonnance du Lieutenant Civil au Châtelet; il requiert en conféquence qu'il lui foit donné acte de l'oppofition qu'il forme aux fcellés appofés fur les titres, papiers & effets dépendans de la fucceffion de la Dame Ducheffe de Nemours; & en conféquence qu'il foit ordonné qu'il ne pourroit être procédé à la defcription de ces titres, papiers & effets, qu'en préfence de fon Subftitut au Châtelet, & ce pour la confervation des intérêts du Roi, à la charge néanmoins que, pour ce qui concerneroit le fond de la difcuffion des intérêts du Roi, les Parties ne pourroient faire aucunes pourfuites ailleurs qu'en la Cour.

2 JUILLET 1707.

Arrêt conforme aux conclufions de M. le Procureur Général.

9 MARS ET JOURS SUIVANS 1708 ET 1709.

Il eft procédé à l'inventaire des titres, papiers & effets de Madame la Ducheffe de Nemours.

Le Subftitut de M. le Procureur Général au Châtelet y compare, en vertu de l'Arrêt de la Cour du 2 Juillet 1707, pour la confervation des intérêts du Roi. Il affifte à toutes les vacations, & prend connoiffance de tous les titres, parmi lefquels font ceux du Comté de Dunois.

L'on ne peut douter que le Subftitut de M. le Procureur

Général, n'ait apporté dans l'examen qu'il a fait de ces titres, l'exactitude la plus fcrupuleufe ; mais il n'a point paru que le Roi dût avoir quelque droit fur aucuns des biens ayant appartenus à Madame de Nemours.

Les différentes recherches faites après le décès , foit de M. l'Abbé d'Orléans, foit de Madame de Nemours , & qui ont eu pour objet de réunir au Domaine tout ce qui pouvoit lui appartenir, n'ont donc fait qu'affurer de plus en plus la patrimonialité du Comté de Dunois. Les Demoifelles de Neuf-Châtel ont continué d'en jouir paifiblement & fans aucune contradiction. M. le Duc de Chevreufe devoit-il s'attendre à celle qu'il éprouve aujourd'hui de la part d'une perfonne fans qualité?

24 FEVRIER 1710.

M. le Duc de Luynes, pere de M. le Duc de Chevreufe, époufe Louife-Leontine-Jacqueline de Bourbon, qui, par le décès de Marie-Charlotte de Bourbon fa fœur , arrivé en 1711, devient feule Propriétaire du Comté de Dunois.

12 MAI 1710.

Les héritiers paternels de Madame la Ducheffe de Nemours, les Sieurs de Matignon & autres , plus proches defcendans en droite ligne de Jean Bâtard d'Orléans, forment une demande contre M. le Duc & Mad^e. la Ducheffe de Luynes, & contre le fieur Devaux Tuteur onéraire de Marie-Anne-Charlotte de Bourbon, à ce que le Comté de Dunois foit jugé leur appartenir.

Les motifs fur lefquels ces héritiers fondent leur prétention,

font

font que Madame de Nemours n'a pas pû comprendre le Comté de Dunois dans la donation univerfelle faite au Prince de Neuf-Châtel ; que ce Comté a été donné le 21 Juillet 1439, par Charles Duc d'Orléans à Jean d'Orléans fon frere naturel, pour lui & fes defcendans, à la charge de le tenir de lui en foi-hommage lige, & de ne le pouvoir vendre, donner, ni aliéner, & fous condition de retour ; que c'eft-là une véritable inféodation, dont les conditions n'ont pas été fujettes à la reftriction des degrés marqués pour les fubftitutions par les Ordonnances d'Orléans & de Moulins, des années 1560 & 1566, qu'ainfi Madame la Ducheffe de Nemours n'ayant pas pû aliéner le Comté de Dunois, au préjudice de la condition expreffe, & de la loi de l'inféodation, ce Comté doit leur appartenir.

C'eft-là le même fyftême que le Préfident de Saint-Michel foutient encore aujourd'hui.

M. le Duc & Madame la Ducheffe de Luynes répondent que les claufes de retour & de prohibition d'aliéner, contenues dans la donation du 21 Juillet 1439, ont été réformées par d'autres donations poftérieures ; que d'ailleurs cette premiere donation de 1439 ne peut pas être regardée comme une véritable inféodation, parce qu'elle ne contient point de retour au Comté de Blois, par faute d'hoirs du Donataire, mais feulement en faveur du Donateur, & de fes hoirs, & qu'enfin, quand il y auroit une inféodation véritable & réverfible, elle feroit reftrainte, auffi-bien qu'une fubftitution, aux quatre degrés, aufquels l'Ordonnance de Moulins a fixé & limité les plus anciennes fubftitutions.

Il s'étoit encore élevé plufieurs autres difficultés entre les héritiers & les Donataires de Madame de Nemours, foit fur

E

la contribution aux dettes , foit fur ce que les héritiers réclamoient d'autres objets, dont ils difoient qu'aux termes des Coutumes , Madame de Nemours n'avoit pû difpofer.

2 M a r s 1712.

Après que les différentes prétentions des héritiers de Madame de Nemours ont été difcutées dans plufieurs conférences tenues en préfence des Parties , ou de leurs Fondés de procuration , par cinq Jurifconfultes éclairés , elles font décidées & réglées par une tranfaction. Les héritiers paternels de Madame de Nemours , defcendans de Jean Bâtard , confentent au profit de M. le Duc & de Madame la Ducheffe de Luynes , l'exécution de la donation & du teftament de Madame la Ducheffe de Nemours, fe défiftent de toutes demandes & prétentions fur les biens de fa fucceffion , *& notamment de la demande par eux formée , pour raifon du Comté de Dunois* , & font même à M. le Duc & à Madame la Ducheffe de Luynes , toutes ceffions , fubrogations & délaiffemens.

Les plus proches héritiers & defcendans en ligne directe de Jean Bâtard d'Orléans , feuls intéreffés à contefter , reconnoiffent donc que Madame la Ducheffe de Luynes a un droit légitime fur le Comté de Dunois ; qu'il a été libre à Madame de Nemours d'en difpofer à fon profit ; qu'elle n'en étoit empéchée par aucune prohibition d'aliéner.

31 M a i 1710.

Le Roi fait don à Madame la Ducheffe de Luynes des droits

de reliefs, & autres droits & devoirs feigneuriaux qui peuvent être dûs à S. M. *fur le Comté de Dunois, à caufe de fon mariage.*

Le 8 Avril 1720, Madame la Ducheffe de Luynes obtient des Lettres de furannation fur les précedentes Lettres-Patentes, & le tout eft vérifié en la Chambre des Comptes de Paris, le 13 Juin de la même année 1720.

Le 9 Août 1707, après la mort de Madame la Ducheffe de Nemours, la Chambre des Comptes de Blois, prétendant que le Comté de Dunois étoit encore mouvant du Comté de Blois avoit fait faire une faifie féodale de ce Comté ; c'étoit reconnoître pofitivement que le Roi n'en étoit pas Propriétaire.

Mais il étoit conftant que le Comté de Dunois relevoit directement de la Tour du Louvre, conféquemment cette faifie féodale étoit nulle.

20 DECEMBRE 1710.

M. le Duc & Madame la Ducheffe de Luynes, & le Tuteur de la Demoifelle d'Eftouteville fe pourvoient contre cette entreprife à la Chambre des Comptes de Paris, & y repréfentent que Madame la Ducheffe de Luynes & la Demoifelle d'Eftouteville, *en qualité d'héritieres, chacune par moitié, du feu Prince de Neuf-Châtel, & de Donataires fubftituées entre-vifs de Madame la Duchefre de Nemours, font Propriétaires du Comté de Dunois, Terres & Seigneuries de Châteaudun, Marchenoir & Freteval, & autres Terres en dépendantes.*

Sur le vû des Lettres-Patentes du mois d'Août 1660, & des fois-hommages du Comté de Dunois étant dans fon dépôt, la Chambre rend un Arrêt, par lequel elle fait main-levée à M.

le Duc & Madame la Duchesse de Luynes, & à la Demoiselle d'Estouteville, de la saisie féodale dont il s'agit, la déclare nulle, ainsi que tout ce qui s'en est ensuivi, *à la charge par les Sup-*
*plians** *, porte cet Arrêt; de faire en la Chambre la foi-hommage dudit Comté de Dunois, lorsqu'ils auront atteint l'âge de majorité féodale.*

La Chambre des Comptes a prescrit à Madame la Duchesse de Luynes & à la Demoiselle d'Estouteville, de porter la foi-hommage du Comté de Dunois; elles ont conséquemment été reconnues vraies Propriétaires de ce Comté.

3 JANVIER 1711.

Cet Arrêt, ensemble les Lettres-Patentes du mois d'Août 1660, & l'Arrêt de souffrance du 7 Juillet 1703, sont signifiés à la requête de M. le Duc & de Madame la Duchesse de Luynes, & de la Demoiselle d'Estouteville, au Procureur Général de la Chambre des Comptes de Blois, & au Receveur des Domaines.

Sur cette signification, ces Officiers gardent le silence, & toutes poursuites de leur part sont abandonnées.

Mais le décès de la Demoiselle d'Estouteville leur fournit le prétexte de former une nouvelle entreprise.

22 DECEMBRE 1719.

Le Fermier des Domaines & le Procureur-Général de la Chambre des Comptes de Blois, exposent à cette Chambre, *que par le décès de Dame Marie d'Orléans, Duchesse de Nemours, les Terres de Châteaudum, Marchenoir, Freteval, & autres lieux, qui com-*

pofent la Terre de Dunois, feroient paffées à Mefdemoifelles de Neuf-Châtel & d'Eftouteville, au moyen du don qu'elle leur en auroit fait; que Mademoifelle d'Eftouteville étant morte deux ans après, la moitié de lad. Terre, dont elle étoit propriétaire, feroit retournée à Mademoifelle de Neuf-Châtel fa fœur, pour raifon defquelles mutations, il eft dû plufieurs profits, & que ces Fiefs font en défaut de foi. En conféquence ils obtiennent deux commiffions pour faire faifir le Comté de Dunois & la Baronnie de Marchenoir.

10 & 30 *JANVIER* 1720.

Saifies féodales du Comté de Dunois & de la Baronnie de Marchenoir, faites à la requête du Procureur Général de la Chambre des Comptes de Blois, *pourfuite & diligence du Receveur du Domaine, fur & comme appartenans à M. le Duc de Luynes, à caufe de Mademoifelle de Neuf-Châtel fon époufe, propriétaire du Château de Châteaudun, Comté de Dunois & Baronnie de Marchenoir,* faute d'avoir porté la foi-hommage, & fourni l'aveu & dénombrement au Roi. Notifications de ces faifies féodales *à M. le Duc de Luynes, propriétaire defdits Château & Comté de Dunois, & Baronnie de Marchenoir.*

Il eft important d'obferver que toutes ces faifies féodales faites à la requête du Procureur Général de la Chambre des Comptes de Blois, & du Receveur du Domaine, loin d'attaquer la propriété du Comté de Dunois, dans la perfonne de M. le Duc & Madame la Ducheffe de Luynes fa mere, en contiennent au contraire une reconnoiffance précife & autentique; toutes ces pourfuites, de la part du Procureur Général de la Chambre des Comptes de Blois & du Receveur du Domaine, n'ont eû pour objet que la mouvance du Comté de Dunois. Mais en même-tems qu'ils croyoient devoir agir, comme fi le Comté de Dunois eût encore été mouvant de Blois, ils n'ont eû aucun doute fur la propriété de ce Comté, l'ont toujours regardée comme réfidente fur la tête de Madame la Ducheffe de Luynes & de M. le Duc de Chevreufe.

17 *MAI* 1720.

Foi & hommage rendue au Roi, par M. le Duc de Luynes, entre les mains de M. le Chancelier, du Comté de Dunois, Vicomté de Chateaudun, & Baronnies de Freteval & Marchenoir, *comme lui appartenant à caufe de Louife- Léontine-Jacqueline de Bourbon, Ducheffe de Luynes, fon époufe, Donataire univerfelle entre-vifs fubftituée de Dame Marie d'Orléans Ducheffe de Nemours.*

31 *MAI* 1720.

Cette foi-hommage eft vérifiée à la Chambre des Comptes de Paris.

13 *JUIN* 1720.

M. le Duc de Luynes fe pourvoit de nouveau à la Chambre des Comptes de Paris, contre les faifies féodales du Comté de Dunois & de la Baronnie de Marchenoir, des 10 & 12 Janvier 1720.

La Chambre caffe & annulle ces faifies féodales, en conféquence en décharge M. le Duc de Luynes, lui en fait en tant que de befoin, main - levée, enfemble de l'établiffement de Commiffaire, & fait défenfes au Receveur du Domaine de Blois, de faire à l'avenir de pareilles pourfuites.

Même énonciation dans cet Arrêt, *que le Comté de Dunois appartient à M. le Duc de Luynes, à caufe de Dame Louife-Léontine-Jacqueline de Bourbon, Ducheffe de Luynes, fon époufe, Donataire de Marie d'Orléans Ducheffe de Nemours.*

12 *JUILLET* 1720.

Signification de cet Arrêt au Procureur Général de la Chambre des Comptes de Blois, & au Receveur des Domaines.

20 *JUIN* 1721.

Foi & hommage du Comté de Dunois & dépendances, rendu à Sa Majefté, entre les mains de M. le Chancelier, par M. le Duc de Luynes, comme ayant la garde-noble des enfans mineurs procréés de fon mariage avec feue Louife-Leontine-Jacqueline de Bourbon, Ducheffe de Luynes, fon *époufe de fon vivant Comteffe de Dunois, & Dame defd. Vicomté de Chateaudun, & Baronnies de Freteval & Marchenoir, circonf-tances & dépendances.*

28 *JUIN* 1721.

Cette foi-hommage eft vérifiée à la Chambre des Comptes de Paris.

25 *AVRIL* 1722.

M. le Duc de Luynes, tant en fon nom que comme Tuteur de M. le Duc de Chevreufe fon fils, paye au Receveur Général des Domaines & Bois de la Généralité d'Orléans, ce qui devoit lui revenir dans les droits de rachapt du Comté de Dunois, dûs, tant par le mariage de M. le Duc de Luynes avec feue Madame la Duchesse de Luynes, qu'à cause de la mutation arrivée par la mort de Marie-Charlotte de Bourbon.

POSSESSION PUBLIQUE.

2 DECEMBRE 1713, 4 NOVEMBRE 1714.

M. le Duc de Luynes, *en qualité de Comte de Dunois*, obtient un Arrêt du Conseil, & des Lettres Patentes, portant établissement de Foires dans la Ville de Chateaudun.

20 SEPTEMBRE 1715.

Ces Lettres Patentes sont enregistrées au Parlement, après une information *de commodo & incommodo*; l'Arrêt de la Cour donne pareillement à M. le Duc de Luynes, la qualité de *Comte de Dunois*.

1723.

La Ville de Chateaudun a le malheur d'être incendiée presqu'en entier. Le Roi a la bonté de s'intéresser au sort de ses Habitants, & veut bien s'occuper des moyens de la reconstruire. Le 6 Septembre Sa Majesté fait rendre en son Conseil un premier Arrêt par lequel Elle ordonne qu'il sera levé différens plans. Par un second Arrêt du 7 Décembre, le Roi approuve un plan de reconstruction dressé par le sieur Hardouin, Architecte, & en ordonne l'exécution.

Cet Arrêt porte, *que les plan, mémoires & actes d'Assemblées, dessus énoncés, ont été communiqués au sieur Duc de Luynes;*

Luynes, Tuteur gardien noble & Baillifte de Marie-Charles-Louis d'Albert, Comte de Dunois, Vicomte de Chateaudun, fon fils mineur.

Après plufieurs difpofitions concernant les moyens, & la maniere de faire procéder à la reconftruction dont il s'agit, l'Arrêt ajoute : *n'entend néanmoins Sa Majefté par le préfent Arrêt, aucunement préjudicier aux droits dudit fieur Duc de Luynes, ès noms & qualités ci-deffus mentionnés, ni à fes Juftices, mouvances & cenfives.*

La Juftice a toujours été exercée dans toute l'étendue du Comté de Dunois, tant au nom de M. le Duc de Luynes, qu'en celui de M. le Duc de Chevreufe, ainfi qu'elle l'avoit été fous les Seigneurs de la Maifon de Longueville.

Il y a dans ce Comté une Jurifdiction ordinaire, & une Jurifdiction pour les Eaux & Forêts qui porte le titre de Maîtrife ; ces deux Jurifdictions s'éxercent dans differens Siéges qui font fitués dans chacun des membres du Comté de Dunois. Pour la Jurifdiction ordinaire, M. le Duc de Chevreufe nomme un Baillif général, & quatre Lieutenans, & pour la Jurifdiction des Eaux & Forêts, un Maître, trois Lieutenans, un Contrôleur Garde-marteau, & un Procureur Fifcal dans chacun des Siéges.

Comme la Juftice ordinaire du Comté de Dunois, reffortit encore de fait à Blois, les Officiers que nomme M. le Duc de Chevreufe font reçus fur fes provifions, & prêtent ferment au Bailliage & Siége Préfidial de cette Ville.

Quant à la Maîtrife des Eaux & Forêts, elle reffortit directement à la Table de Marbre, & fes Officiers y font pareillement reçus fur les provifions de M. le Duc de Chevreufe.

F

Dans toutes les provifions données par MM. les Ducs de Luynes & de Chevreufe, ils ont pris la qualité de Comtes de Dunois; la même qualité leur eft donnée dans toutes les Sentences de réception, foit de la Table de Marbre, foit du Bailliage de Blois.

M. le Duc de Chevreufe nomme pareillement aux Bénéfices qui ont de tout tems été à la nomination des Comtes de Dunois, entr'autres aux Dignités & Prébendes de la Sainte Chapelle fondée à Châteaudun, par Jean Bâtard d'Orléans, avec des biens dépendans du Comté de Dunois, & à deux Dignités & deux Chapelles du Chapitre de Saint André de la même Ville, fondé de toute ancienneté.

La préfentation de la premiere Dignité de la Sainte Chapelle fe fait au Pape; celle des autres Bénéfices fe fait à l'Evêque de Chartres : le Pape & l'Evêque de Chartres conferent fur les nominations de M. le Duc de Chevreufe.

11 OCTOBRE 1746.

Parmi toutes ces nominations, il en eft une principalement à remarquer.

L'Evêché de Chartres étant tombé en régale, M. le Duc de Chevreufe, en qualité de Comte de Dunois, a fait au Roi la préfentation d'un des Canonicats de la Sainte Chapelle de Châteaudun; le Roi a conféré le Bénéfice fur cette préfentation de M. le Duc de Chevreufe, *Comte de Dunois*.

Il y a plus de deux cens Fiefs qui font dans la mouvance immédiate du Comté de Dunois; M. le Duc de Luynes & M. le Duc de Chevreufe ont été généralement reconnus par

tous les Vaſſaux; tous leur ont porté la foi-hommage, &
payé les droits feigneuriaux, en qualité de Comtes de Dunois, comme ils l'avoient fait aux Comtes de Dunois de la
Maifon de Longueville. Les Privilégiés même qui auroient
eu le plus grand intérêt que le Comté de Dunois fût un Domaine de la Couronne, parce qu'ils auroient été exempts
de payer des droits feigneuriaux, n'ont pas héfité de fatisfaire à
tous ces devoirs envers M. le Duc de Chevreufe; le Préfident de Saint-Michel eft le premier qui ofe mettre en doute
ce qui de tout tems a paffé pour une vérité inconteftable.

On n'entrera pas ici dans le détail de toutes ces fois-hommages; le point de fait ne fera fûrement pas contefté; qu'il
foit feulement permis d'expofer toute la fuite des titres qui
regardent la Terre de Montigny, acquife par le Préfident de
Saint-Michel, à compter de l'époque de la poffeffion de MM.
les Ducs de Luynes & de Chevreufe du Comté de Dunois.

30 ET 31 MAI 1713.

M. le Duc de Luynes, en qualité de Comte de Dunois,
fait faifir féodalement la Terre de Montigny.

13 JUIN 1713.

Le Comte de Fiennes, alors abfent du Royaume, fit de-
mander fouffrance, pour faire la foi-hommage de cette Terre.

14 DECEMBRE 1725, 5 FEVRIER 1726.

Nouvelle faifie féodale.

15 JUILLET 1726.

La Comteffe de Fiennes paffe une procuration, pour faire

en fon nom à M. le Duc de Luynes, comme pere, Tuteur & Gardien de M. le Duc de Chevreufe, Comte de Dunois, la foi-hommage de la Terre de Montigny.

25 *Juillet* 1726.

Offres de foi-hommage faites en conféquence au Château de Châteaudun.

4 *Septembre* 1727.

Sentence du Bailli de Dunois, qui condamne la Comteffe de Fiennes à payer à M. le Duc de Luynes différens droits de rachapt, à caufe de la Terre & Châtellenie de Montigny, enfemble les frais des faifies féodales.

24 *Juillet* 1728.

M. le Duc de Luynes & la Dame Comteffe de Fiennes compofent entr'eux des droits de rachapt dont il s'agit. La Comteffe de Fiennes s'oblige de les payer, & il eft pris différens arrangemens à cct égard. Elle s'oblige également de payer les frais de faifies féodales ; elle en reconnoît la validité.

2 *Mars* 1754.

La Dame Marquife de Matharel, de laquelle le Préfident de Saint-Michel a acquis la Terre de Montigny, en rend perfonnellement la foi-hommage à M. le Duc de Chevreufe, comme Comte de Dunois.

Enfin, le Préfident de Saint-Michel, a lui-même reconnu M. le Duc de Chevreufe comme Comte de Dunois, & Seigneur dominant de la Terre de Montigny. Cette reconnoif-

fance

fance eft confignée en termes formels dans fa lettre du 28 Janvier 1766, qui a été mife dans un autre Mémoire fous les yeux de la Cour.

Eft-il donc poffible de raffembler un plus grand nombre de titres qu'il s'en trouve ici réunis pour établir le droit conftant & légitime de M. le.Duc de Chevreufe fur le Comté de Dunois ? Y auroit-il une feule Terre dans le Royaume qui pût être regardée comme patrimoniale, fi le Comté de Dunois ne l'étoit pas ? Eft-il enfin permis de penfer que pendant l'efpace de quatre fiécles, l'on eût fouffert une poffeffion auffi paifible, auffi fuivie & auffi publique que celle de tous les Seigneurs de la Maifon de Longueville, & de M. le Duc de Chevreufe, s'ils n'euffent pas été de vrais & incommutables Propriétaires ?

Me. ESTIENNE, Avocat.

NIVERD, Proc.

De l'imprimerie de CH. EST. CHENAULT, rue de la Vieille Draperie 1767.